Wir werden
uns wieder
nah sein

Wir werden uns wieder nah sein

ELLA FRANCES SANDERS

Aus dem Englischen von Marion Herbert

DUMONT

Dies ist eine kleine Sammlung der Sehnsucht und der Hoffnung. Sie war nicht geplant, aber ich spürte einen unbestimmten Schmerz in der Brust, und diese Zeichnungen haben mir geholfen.

(Ich vermisse dich.)

IN MUSEEN UND
GALERIEN STEHEN

Vor einigen Jahren reiste ich an meinem Geburtstag allein nach Göteborg. Am Sonntag ging ich ins größte Kunstmuseum der Stadt, und es war so leer, dass ich das Gefühl hatte, der einzige Mensch dort zu sein.

Das Lesen im Bus
verbinde ich am
stärksten mit Seattle.

IM BUS DAS GLEICHE BUCH
LESEN WIE NOCH JEMAND ANDERS

LEUTEN DINGE REICHEN, DIE
IHNEN HERUNTERGEFALLEN SIND

Wenn sich zwei Leute
gleichzeitig bücken, um
etwas aufzuheben, entsteht
eine unerklärliche Vertrautheit.

Vermisst wie die
wärmende Sonne
im Winter.

SICH IN BIBLIOTHEKEN UND

BUCHHANDLUNGEN AUFHALTEN

EINEN FREMDEN
MENSCHEN TRÖSTEN

Das passiert leider selten,
weil die Leute nicht wissen,
was sie sagen sollen.

Es sind die kleinen Dinge,
die das Leben ausmachen –
generationenübergreifendes Zähneputzen,
die erste Begegnung mit dem
Baby unserer Schwester oder
unseres Bruders, Spaziergänge
durch die Straßen alltäglicher Liebe.

GEMEINSAME RITUALE DER
WUNDERVOLL GEWÖHNLICHEN ART

MIT JEMANDEM IN EINEM
VORBEIFAHRENDEN AUTO
EINEN BLICK TAUSCHEN

Es ist schwierig, in einem solchen Moment nicht zu glauben, diesen fremden Menschen zu kennen.

In einer Stadt, in
der ich eine Weile
gewohnt habe, gab es
in einem alten Gebäude
ein winziges altes Kino, mit
winzigen Stufen hinauf ins
oberste Stockwerk.

Man konnte dort immer
gut allein hingehen.

DUNKLE KINOS

(UND THEATER)

EINEN WEG

BESCHREIBEN

Darin bin ich nicht gut, weil ich mich selten an Straßennamen erinnere. Stattdessen sage ich: „Biegen Sie links ab bei dem Baum, der nach Oktober riecht."

Ich bin überrascht,
dass ich das vermisse.
Aber es stimmt.

IN ÖFFENTLICHEN VERKEHRSMITTELN
DICHT GEDRÄNGT BEIEINANDERSTEHEN

IN DER FERNE ZUFÄLLIG LEUTE TREFFEN, DIE MAN KENNT

Ach, wie klein die Welt doch ist. Da machen wir eine weite Reise, lassen alles hinter uns, nur um dann im australischen Outback unsere Nachbarn zu treffen.

Die Berührung der
Handfläche eines
anderen Menschen.

HÄNDE SCHÜTTELN
(OFT UNANGENEHM)

BEI DER POST
SCHLANGE STEHEN

Ich war schon auf vielen Postämtern. Ich mag sie alle – sie sind oft ein Überbleibsel vergangener Zeiten.

Eine Nähe, gesteigert durch feuchte Kleidung und eine ungewollte Pause auf dem Weg irgendwohin.

SICH IM REGEN IN
HAUSEINGÄNGEN
UNTERSTELLEN

ÜBERRASCHENDE UND
UNGEWÖHNLICHE
ORTE ENTDECKEN

Am besten, wenn wir uns zusammen auch ein wenig verlaufen haben.

Zeit im Supermarkt zu verbringen, kann sehr schön sein.

Vielleicht liegt das an der Ordnung in den Regalen, den Tänzen, um anderen Leuten beim Joghurt auszuweichen, der Art, wie wir einander immer in den Gängen verlieren.

GEFLÜSTERTE GESPRÄCHE
IM SUPERMARKT

AUS GEMEINSAMEN
ZUGFENSTERN SCHAUEN

Wo ich jetzt wohne, gibt es keine Züge; der Bahnverkehr wurde vor etwa 60 Jahren eingestellt. Zugfenster bieten eine ganz spezielle Möglichkeit, über Zeit und Ort nachzudenken, und ich hatte dabei immer das Gefühl, mit den Augen Sport zu machen.

Ach! Wenn man
feststellt, dass man
nach demselben
Kohlkopf greift!

NACH DERSELBEN SACHE
WIE JEMAND ANDERS GREIFEN
UND DABEI DESSEN HAND
BERÜHREN

ANBIETEN, SEIN

MITTAGESSEN

ZU TEILEN

Wir spüren, dass uns
die flüchtigen Blicke
fehlen.

Hier geht die
Menschheit Risiken ein –
und nutzt Chancen.

AN BUSHALTESTELLEN WARTEN

UMARMUNGEN ZUR BEGRÜẞUNG

Oh, ja.

Ich mache Leuten
auch gern Komplimente
zu ihren Hüten.

JEMANDEM IM WARTEZIMMER
EIN KOMPLIMENT ZU SEINEN
SCHUHEN MACHEN

SCHÖNE HUNDE BEGRÜßEN

Gibt es etwas, was
leichter ein Gespräch
eröffnet als ein Hund?

Ich hatte einmal den Job,
abends einen Waschsalon
abzuschließen. Das war
eine der perfekteren Zeiten
meines Lebens.

IM WASCHSALON
WARTEN

SICH IN CAFÉS
IN FREMDE
VERLIEBEN

(Sich allgemein
in alles verlieben.)

Zurzeit ergeben viele Tage keinen Sinn. Mir gehen die Briefmarken aus, oder die Radiergummis, oder plötzlich die Gefühle. Ja, es geht vorbei, aber ich fürchte, wir werden diese Zeit – wie einen hartnäckigen blauen Fleck – noch länger spüren, als wir uns vorstellen können.

Aber das ist okay –
der Planet wartet
darauf, dich (fest)
in die Arme zu
schließen.

ellafrancessanders.com
@ellafsanders

Die englische Originalausgabe erschien 2021
unter dem Titel CLOSE AGAIN
bei Andrews McMeel Publishing.

Erste Auflage 2021

Übersetzung: Marion Herbert
Gestaltung der deutschen Ausgabe:
Miriam Landwehr

Printed in Slovenia

ISBN 978-3-8321-6909-1
www.dumont-buchverlag.de

Bereits bei DuMont erschienen

112 Seiten, durchgehend farbig illustriert
ISBN 978-3-8321-9849-7

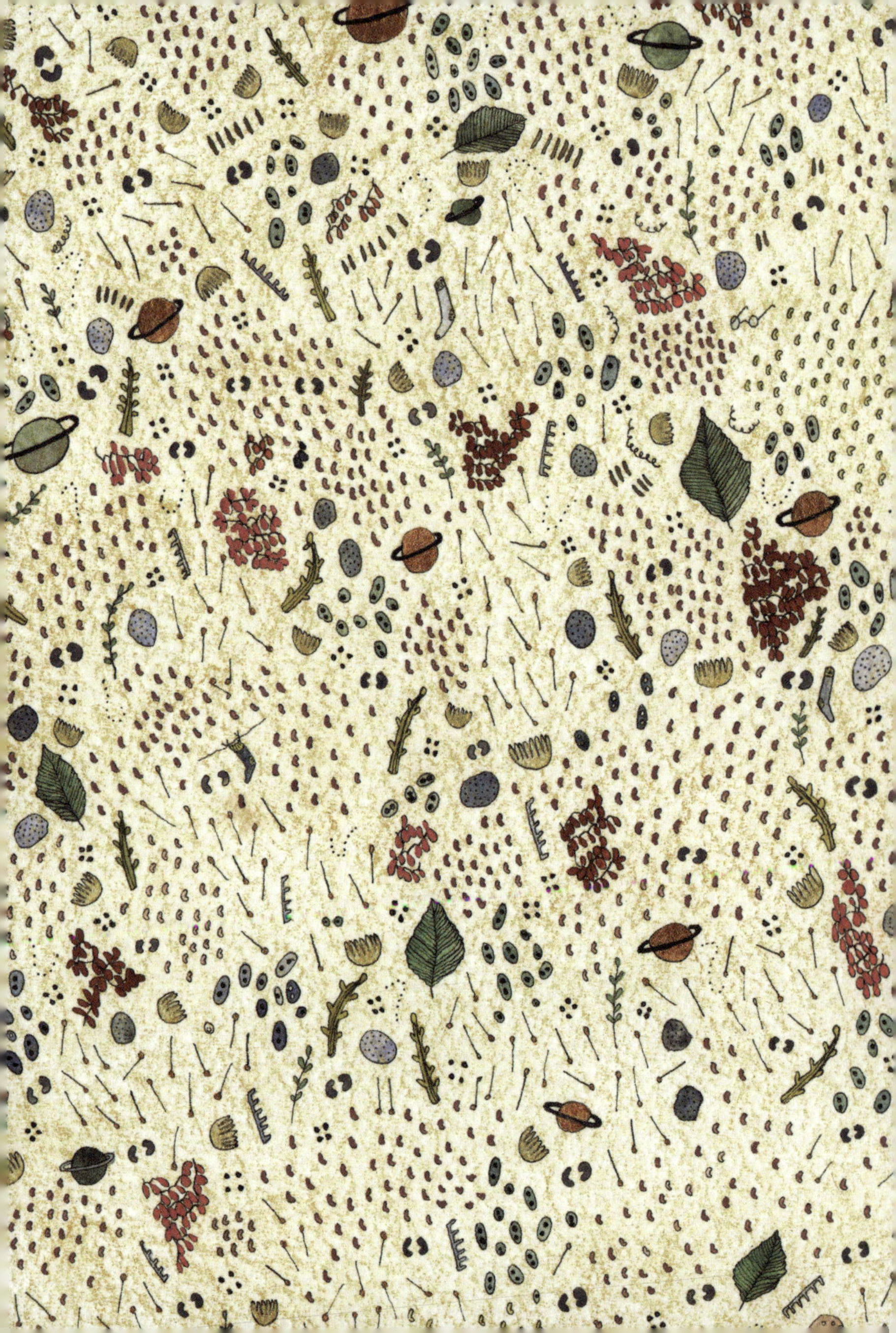